LE SANG

DE

ROBERT LE FORT, de SAINT-LOUIS et de MARIE-THÉRÈSE

FRANCE-AUTRICHE-ESPAGNE

(866-1903)

TABLEAU GÉNÉALOGIQUE

DRESSÉ PAR

LE Vte P. DE CHASTEIGNER-LA ROCHEPOZAY
Décoré de l'Ordre Royal et distingué de Charles III
MEMBRE DU CONSEIL HÉRALDIQUE DE FRANCE, etc.
V.-P. H. DE BIARRITZ-ASSOCIATION

IMPRIMERIE A. LAMAIGNÈRE
BAYONNE, RUE JACQUES LAFFITTE ; BIARRITZ, RUE DU CHATEAU
1903

LE SANG

DE

ROBERT LE FORT, de SAINT-LOUIS et de MARIE-THÉRÈSE

FRANCE-AUTRICHE-ESPAGNE

(866-1903)

TABLEAU GÉNÉALOGIQUE

DRESSÉ PAR

LE Vte P. DE CHASTEIGNER-LA ROCHEPOZAY
Décoré de l'Ordre Royal et distingué de Charles III
MEMBRE DU CONSEIL HÉRALDIQUE DE FRANCE, etc.
V.-P. H. DE BIARRITZ-ASSOCIATION

IMPRIMERIE A. LAMAIGNÈRE
BAYONNE, RUE JACQUES LAFFITTE ; BIARRITZ, RUE DU CHATEAU
1903

PAROLES
ROYALES

> *Firmabitur justicia et*
> *Pietate thronus ejus.*
> Prov. xxv. 5.

En mai 1899, j'ai eu l'honneur de dédier à Sa Majesté La Reine Régente, LE PENNON GÉNÉALOGIQUE de Sa Majesté le roi d'Alphonse XII, depuis le Vme sciècle jusqu'à nos jours, à l'occasion de l'anniversaire de sa naissance.

Sa Majesté la Reine daigna, par la main de son secrétaire, le comte de Morphy, me faire adresser ses précieux remerciements.

Depuis lors, Sa Majesté Marie-Christine a remis le pouvoir entre les mains de son auguste fils, devenu majeur, et le monde est témoin de la raison précoce et de la haute sagesse avec lesquels le jeune monarque dirige les destinées de son royaume.

J'offre aujourd'hui à Sa Majesté le Roi, ainsi qu'au noble peuple espagnol, le tableau de l'origine capétienne de Sa Majesté la Reine Mère, petite-fille de Robert-le-Fort, de Saint-Louis et de la Grande Marie-Thérèse.

On y verra comment ces deux Maisons de

France et d'Autriche, si longtemps rivales, réunies à celles non moins illustres de Bourbon et de Lorraine, sont aujourd'hui représentées sur le trône d'Alphonse Le Sage, de la Grande Isabelle et de Charles-Quint. De tels aïeux sont dignes de mémoire; ils sont aussi les garants de l'avenir. Que ne doit-on attendre de Celui qui, dans une touchante pensée de reconnaissance, voulut commencer l'exercice de ces prérogatives royales en signant, le décret suivant dont nous sommes heureux de donner ici la traduction :

« *Voulant donner à mon auguste Mère un témoignage de ma particulière affection et également de la gratitude dont la noble nation espagnole, gouvernée par Elle pendant seize ans, gardera le souvenir pour ses vertus et grands services ; et, spécialement pour la fidélité avec laquelle elle a pris soin de suivre les traditions de mon regretté père le roi D. Alphonse XII dans le haut dessein de maintenir étroitement les aspirations du peuple avec les intentions du trône,*

Je décide que pendant toute sa vie, elle conservera les rangs, honneurs, et prérogatives de reine consorte et régnante, occupant, par suite, dans les actes et cérémonies officielles la même place qu'elle a tenue jusqu'à ce jour et immédiatement après celle qui pourrait être mon épouse dans le cas où je contracterai une alliance matrimoniale.

Donné au Palais, le 17 Mai mil neuf cent deux.

Signé :

ALPHONSE.

Et plus bas : *Praxedes Mateo Sagasta* (1).

(1) Gaceta du 18 Mai 1902.

On nous pardonnera certainement d'avoir conservé au frontispice de cet opuscule les portraits de la Reine-Mère, alors régente, et du roi encore enfant. Il y a maintenant, de par le monde assez de portraits du roi majeur et grandi.

C'est intentionnellement que nous avons voulu reproduire les traits de cette mère admirable qui, comme un ange gardien, semble protéger de ses deux ailes l'enfant royal, objet, pendant seize ans de sa tendresse et de ses soins, si dignement récompensés.

Daigne Sa Majesté le Roi accueillir favorablement ce modeste travail qui, nous l'espérons, intéressera également les lecteurs des deux côtés des Pyrénées.

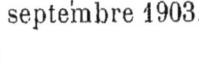
Biarritz, septembre 1903.

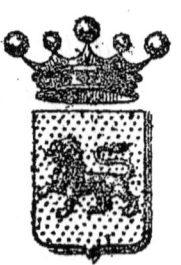

ORIGINE CAPÉTIENNE
DE S. M. MARIE-CHRISTINE
Reine Mère d'Espagne

IV (*) HUGUES CAPET, Roi de France de 987 à 996.
  ADELAÏDE de Guyenne, fille de Guillaume III, Duc de Guyenne et Comte de Poitou, † 970.

      * *

V. — ROBERT II LE PIEUX, Roi de France, 996 — 1031.
  CONSTANCE D'ARLES OU DE PROVENCE, fille de Guillaume Comte d'Arles, de Toulouse et de Provence, et de Blanche, sœur de Foulques Nerra, Comte d'Anjou.

      * *

VI. — HENRI Ier, Roi de France, 1031 — 1060.
  ANNE de Russie, fille de Jaroslaf Le Grand et petite fille de saint Wladimir.

      * *

VII. — PHILIPPE Ier, Roi de France, 1052 — 1108.
  BERTHE de Hollande, fille de Florent, Comte de Hollande et de Frise ; † 1096.

      * *

VIII. — LOUIS VI LE GROS, Roi de France, 1108 — 1137
  ALIX ou ADÉLAÏDE de Savoie, fille de Humbert le Renforcé, Comte de Savoie et de Maurienne et de Gisèle de Bourgogne ; † 1154.

      * *

IX. — LOUIS VII LE JEUNE, Roi de France, 1120 — 1180.
  ALIX de Champagne, fille de Thibaut le Grand, Comte de Champagne et de Blois, et de Mahaud de Flandre ; † 1206.

(*) Les chiffres romains placés à gauche des noms indiquent les degrés depuis Robert Le Fort.

X. — PHILIPPE II AUGUSTE, Roi de France 1165-1223.

Isabelle de Hainaut, fille de Baudoin IV, Comte de Hainaut, et de Marguerite de Flandre, descendante de Charlemagne ; † 1190.

XI. — LOUIS VIII le Lion, Roi d'Angleterre, de 1216-1217. — Roi de France 1223-1226.

Blanche de Castille, fille d'Alphonse IX, le Noble, roi de Castille, le vainqueur de *Las Navas de Tolosa*, 1212, et d'Aliénor d'Angleterre, deux fois régente ; † 1252.

XII. — **LOUIS IX, SAINT-LOUIS**, Roi de France, 1215-1270.

Marguerite de Provence, fille de Raimond Berenger, Comte de Provence et de Forcalquier, et de Béatrix de Savoie ; † 1295.

XIII. — PHILIPPE le HARDY, Roi de France, 1270-1285, frère aîné de Robert de France, Comte de Clermont et Sire de Bonrbon, cinquième fils du Roi Saint Louis, souche de la maison de Bourbon.

Isabelle d'Aragon, fille de Jaime Ier, roi d'Aragon, et de Yolande de Hongrie.

XIV. — CHARLES de FRANCE, Comte de Valois, 1270-1235.

Marguerite de Sicile, fille de Charles II, roi de Sicile, et de la Reine Marie, Héritière de Hongrie, Comtesse d'Anjou et du Maine (*).

(*) Ce Charles de Valois fut vraiment un grand prince. Fils, père, frère et oncle de rois et jamais roi, il méritait de l'être. Il aurait peut-être mieux conduit sa barque que ses fils frères et neveux. Sa vie est à lire, particulièrement celle qu'en ont donné les Frères Saincte-Marthe. Envoyé à Florence par Boniface VIII comme vicaire de l'Eglise, il fut obligé d'exiler le Dante, alors enragé Gibelin Le poète s'en vengea indignement en mettant dans sa *Divine Comédie* de basses injures contre la Maison de France, notamment que Hugues Capet était le fils d'un boucher. L'arrière petit-fils de Robert-le-Fort n'a pas besoin d'être défendu contre cette calomnie.

XV. — PHILIPPE VI DE VALOIS, Roi de France, 1328-1350.
JEANNE DE BOURGOGNE, fille de Robert II, Duc de Bourgogne et d'Agnès de France, fille de Saint-Louis.

XVI. — JEAN II LE BON, Roi de France, 1350-1364.
BONNE DE LUXEMBOURG, fille de Jean de L., roi de de Bohême, l'aveugle Le Héros de Crécy, et sœur del'empereur Charles IV, l'auteur de la *Bulle d'Or*.

XVII. — PHILIPPE LE HARDY, Duc de Bourgogne, Comte de Flandre, etc., 1341-1404.
MARGUERITE, Comtesse de Flandre, fille et héritière de Louis III, Comte de Flandre et de Marguerite de Brabant ; † 1406.

XVIII. — JEAN, dit JEAN SANS PEUR, Duc de Bourgogne, d'Artois, de Flandre, etc., 17s-1417.
MARGUERITE DE BAVIÈRE, fille d'Albert de Bavière, Comte de Hainaut, Hollande et Zélande (fils de l'Empereur Louis de Bavière), et de Marguerite de Silésie.

XIX. — PHILIPPE II LE BON, Duc de Bourgogne, d'Artois, de Flandre, etc., etc., 1396-1467, fondateur de l'Ordre de la *Toison d'Or*, à l'occasion de son mariage, 2 janvier 1429 (V. S.) avec Isabelle de Portugal fille de Jean III, Roi de Portugal et d'Isabelle de Lencastre.

XX. — CHARLES, Duc de Bourgogne, de Brabant, Lothier, Limbourg, Luxembourg et Gueldres, Comte de Flandre, Artois, etc., 1433-1477.
ISABELLE DE BOURBON, fille de Charles de Bourbon et d'Agnès de Bourgogne ; † 1465 (*).

(*) Les frères de Saincte-Marthe le nomment *Le Guerrier* et le Travailleur. Ce n'est qu'à une époque relativement récente que les historiens lui ont donné le nom de *Téméraire*.
Héritier d'une longue suite de princes puissants et courageux, ce Charles de Valois aurait pu se nommer aussi le Batailleur. Il avait rêvé le rétablissement de l'ancien royaume des Burgondes. Mais il ne mesura pas assez ses forces et celles de ses adversaires, qui, tout en le combattant, ne cessèrent de l'estimer.
Le Duc Pierre de Lorraine, après l'avoir vaincu, et déplorant sa mort, lui fit faire à Nancy de magnifiques funérailles. Plus tard, son arrière-petit-fils, Charles-Quint, fit transporter son corps à Bruges, à côté du tombeau de sa fille.

Le Duc CHARLES ne laissait qu'une fille qui fut :

XXI. — MARIE DE BOURGOGNE, Archiduchesse d'Autriche, Duchesse de Brabant, de Lothier, de Limbourg, de Luxembourg, et de Gueldres ; Comtesse de Flandre, d'Artois, de Bourgogne Palatine, de Hainaut, de Hollande, de Zélande, de Namur, de Zutphen et de Charolois ; Marquise du Saint-Empire, Dame de Frise, de de Salins et de Malines, 1457-1483.

Mariée 1477 à MAXIMILIEN, Archiduc d'Autriche, Roi des Romains puis Empereur d'Allemagne, fils de l'Empereur Frédéric III ; 1459-1519.

XXII. — PHILIPPE Ier, LE BEAU, Archiduc d'Autriche, Roi d'Espagne, 1478-1506.

JEANNE D'ARAGON et de CASTILLE, † 1551, fille de Ferdinand V, roi d'Aragon, et d'Isabelle, reine de Castille (Isabelle la Catholique).

XXIII. — FERDINAND Ier d'Autriche, Empereur d'Allemagne, Roi de Hongrie et de Bohême, 1503-1564, Frère de l'Empereur Charles-Quint.

ANNE DE HONGRIE, fille sœur et héritière de Ladislas et de Louis, Rois de Hongrie et de Bohême.

XXIV. — CHARLES, Archiduc d'Autriche, Duc de Styrie et de Carinthie.

MARIE DE BAVIÈRE, fille d'Albert, Duc de Bavière, et d'Anne d'Autriche.

XXV. — FERDINAND II, Archiduc d'Autriche, Roi de Bohême et de Hongrie, Empereur d'Allemagne, 1578-1637.

MARIE-ANNE DE BAVIÈRE, fille de Guillaume, Duc de Bavière.

XXVI. — FERDINAND III, Roi de Bohême et de Hongrie, Empereur d'Allemagne, 1608-1657.

ANNE D'AUTRICHE, Infante d'Espagne, fille de Philippe III, Roi d'Espagne, et de Marguerite, Archiduchesse d'Autriche.

XXVII. — LEOPOLD Ier, Empereur d'Allemagne, 1640-1705.

Eléonore-Magdelaine, fille de Philippe-Guillaume Electeur Palatin et d'Élisabeth-Amélie de Hesse-Darmstad.

* * *

XXVIII. — CHARLES VI, Empereur d'Allemagne, 1685-1740.

Elisabeth-Christine, fille de Rodolphe de Wolfenbuttel, de Brunswick et de Lunebourg.

* * *

XXIX. — MARIE-THÉRÈSE La Grande, Impératrice d'Allemagne, Reine de Hongrie et de Bohême, 1717-1780.

François de Lorraine (1), Empereur d'Allemagne sous le nom de François Ier, 1708-1765.

* * *

XXX. — LÉOPOLD II, Empereur d'Allemagne, 1747-1792. (Frère de la Reine Marie-Antoinette), ép. 1765, Marie-Louise de Bourbon, fille de Charles III, Roi de Naples et d'Espagne, et de Marie-Louise de Bourbon-Parme.

* * *

[1] La Maison de Lorraine, une des plus anciennes et des plus illustres maisons souveraines de l'Europe, est issue des anciens Ducs d'Alsace et peut faire légitimement remonter son origine à la dynastie Carlovingienne elle est représentée actuellement par S. M. François-Joseph II, Empereur et Roi, et tous les Archiducs et Archiduchesses d'Autriche.

Après les noms des deux Charles de Valois dont nous avons tracé un portrait succinct, la Grande Marie-Thérèse mériterait mieux qu'une simple mention, mais la gloire de cette noble figure d'Impératrice et Reine, consacrée par le *Moriamur* de ses Hongrois fidèles, est trop universelle pour qu'il soit nécessaire de la rappeler.

Nous noterons cependant un triple fait des plus honorables emprunté à l'histoire des trois dynasties auxquelles nous empruntons ces documents généalogiques. La France, l'Autriche et l'Espagne ont donné le sublime spectacle de trois illustres princesses qui, par leur sagesse et leur courage ont assuré la couronne sur le front de leurs royaux enfants.

Et leurs peuples uniront toujours dans une admiration respectueuse les mères de saint Louis, de Léopold II et d'Alphonse XIII.

XXXI. — CHARLES-LOUIS, Archiduc d'Autriche, Duc de Teschen, 1771-1847.

Ep. 1815 HENRIETTE-ALEXANDRINE, fille de Frédéric-Guillaume, Prince de Nassau-Weilbourg.

XXXII. — CHARLES-FERDINAND, Archiduc d'Autriche, 1818-1874.

S. A. I. et R. ELISABETH, Archiduchesse d'Autriche, † 1903.

XXXIII. — S. M. MARIE-CHRISTINE (Q. D. G.), Princesse Impériale Archiduchesse d'Autriche,

m. le 29 novembre 1879 à S. M. C. D. ALPHONSE XII, Roi d'Espagne, † le 25 novembre 1885. Régente du Royaume le 17 mai 1886. Reine Mère d'Espagne le 17 Mai 1902.

XXXIV. — S. M. C. D. ALPHONSE XIII (Q. D. G.), Roi d'Espagne, de Castille, de Léon, d'Aragon, etc., né le 17 Mai 1886, Roi Majeur le 17 Mai 1902.

S. A. R. MARIA de la MERCEDÈS, Infante d'Espagne, Princesse des Asturies, mariée en 1901 à S. A. R. D. CARLOS de BOURBON-SICILE, Prince des Asturies.

S. A. R. D. ALPHONSE, Infant d'Espagne, né le 30 novembre 1901.

S. A. R. FERDINAND-MARIE, Infant d'Espagne, né le 6 mars 1903.

S. A. R. MARIE-THÉRÈSE, Infante d'Espagne.

LL. AA. RR.

Monseigneur le Prince

et Madame la Princesse

DES ASTURIES

Tableau généalogique d'après lequel on voit que LL. AA. RR. Mgr le Prince et Madame la Princesse des Asturies descendent comme leur Auguste Mère et Belle-Mère, de Robert-le-Fort, de Saint-Louis et de Marie-Thérèse La Grande.

XXIX. — MARIE-THÉRÈSE LA GRANDE, Impératrice d'Allemagne, Reine de Hongrie et de Bohême, 1717-1780.

FRANÇOIS DE LORRAINE, Empereur d'Allemagne sous le nom de François Ier.

*
* *

XXX. — MARIE-CAROLINE-LOUISE DE LORRAINE, m. 1768 à FERDINAND IV, Roi des Deux-Siciles en 1759, et en 1816 sous le nom de FERDINAND PREMIER, fils de CHARLES DE BOURBON, 5me fils de PHILIPPE V, Roi des Deux-Siciles en 1755 sous le nom de CHARLES VII, et Roi d'Espagne en 1759, sous le nom de CHARLES III, et de MARIE-CHRISTINE-SAXE.

*
* *

XXXI. — FRANÇOIS Ier, Roi des Deux-Siciles, 1717-1830.
Ep. 1º MARIE-CLÉMENTINE, Archiduchesse d'Autriche, † 1801 ; 2º MARIE-ISABELLE DE BOURBON, Infante d'Espagne, fille de CHARLES IV, roi d'Espagne, et de MARIE-THÉRÈSE BOURBON-PARME.

*
* *

XXXII. — FERDINAND II, Roi des Deux-Siciles, 1810-1859.
Ep. 1º MARIE-CHRISTINE DE SAVOIE, † 1836,
Dont :
S. M. Le Roi FRANÇOIS II, † 1894 ;
2º 1837, MARIE-ISABELLE, Archiduchesse d'Autriche, fille de CHARLES, Archiduc d'Autriche, et de MARIE-ALEXANDRINE DE NASSAU-WEILBOURG.

*
* *

XXXIII. — S. A. R. ALPHONSE-MARIE de BOURBON-SICILE, Comte de Caserta, n. 1841, ép. 8 juin 1868 S. A. R. Marie-Antoinette de Bourbon-Sicile, fille de S. A. R. Mgr le Comte de Trapani, et de † S. I. et R. Marie-Isabelle, Archiduchesse d'Autriche.

*
* *

XXXIV. — S. A. R. D. CARLOS de BOURBON-SICILE, Infant d'Espagne, Prince des Asturies, n. 10 nov. 1870.

Ep. le 14 Février 1901, S. A. R. Maria de Las Mercedes, Infante d'Espagne, Princesse des Asturies, n. 11 sept. 1880, fille de S. M. D. Alphonse XII, Roi d'Espagne, † 1885, et de S. M. Marie-Christine (Q. D. G.), Princesse Impériale, Archiduchesse d'Autriche, Reine Mère d'Espagne;

Dont :

1) S. A. R. D. Alphonse-Marie, Infant d'Espagne, n. 30 nov. 1901.

2) S. A. R. Ferdinand-Marie, Infant d'Espagne, n. 6 mars 1903.

BIBLIOGRAPHIE

Histoire généalogique de la Maison de France avec les illustres familles qui en sont descendues, par Scevole et Louis de Sainte-Marthe frères, avocats à la Cour du Parlement de Paris, à Paris, chez Abraham Pacard, rue Saint-Jacques ; au Sacrifice d'Abraham, MDCIX, 2 vol. in-4°.

Le Grand Dictionnaire Historique et Biographique de Moreri, ou mélange curieux de l'histoire sacrée et profane, etc., etc., dernière édition.

Histoire des Grands Officiers de la Couronne, etc., par le P. Anselme.

L'Art de Vérifier les Dates, par les Bénédictins de la Congrégation de Saint-Maur.

Les *Souverains du Monde*, ouvrage qui fait connaître la généalogie de leurs maisons, l'étendue et le gouvernement de leurs Etats, etc., etc., Paris, Guillaume Cavalier fils, rue St-Jacques, à la Fleur de Lis, MDCCXVIII, 4 v. in-12.

Le Grand Album Généalogique et Biographique des Princes de la Maison de Bourbon, depuis ses origines jusqu'au 1er janvier 1880, par l'abbé N. Dumax, du clergé de Paris.

Tableaux généalogiques de la Dynastie Capétienne, etc., etc., par le Comte Jules Boselli, Paris, Klingsieck, s. d. (jusqu'en 1882).

Les Almanachs de Gotha.

Documents particuliers.

www.ingramcontent.com/pod-product-compliance
Lightning Source LLC
Chambersburg PA
CBHW070458080426
42451CB00025B/2794